Paul Lahninger

Nährende Zeilen

Paul Lahninger

Nährende Zeilen

Gedichte und Meditationen,
die vom Wachsen erzählen

Verlag Denkmayr

INHALTSVERZEICHNIS

Lektorat: Dr. Eva Scala, Graz und Nadja Fritzsche, Wien
Fotos: Paul Lahninger, sowie: Katharina Lahninger, Mag[a]. Helga Gumplmaier, Robert Graf, Raimund Gruber, Reinhold Rabenstein, Dr. Bernhard Weiser.

www.AGB-Seminare.at

Herzlichen Dank für alle Anregungen und Beiträge!

Gesamtherstellung: Ernst Denkmayr Ges.m.b.H. Druck & Verlag, A-4020 Linz.
Printed in Austria

WEGE DES LERNENS

Nehmen und Geben

Indem ich für mich sorge,
bin ich gut zu Dir.

Indem ich auf mich schaue,
seh' ich Dich.

Indem ich gebe,
werde ich genährt.

FOTO: Paul Lahninger, im Tennengebirge

Schweres für Dich

Ich sah Deine Last
und wollte Dir helfen,
doch als ich sie nahm,
da trugst Du noch mehr.

Das Deine blieb Dein.

FOTO: Reinhold Rabenstein, in Kroatien

Ausweichen

Müde war ich,
als es auf mich zukroch,
kaum bemerkte ich,
was da als Abgrund wuchs.

Es fragte mich:
wenn das,
womit ich dieses Loch gestopft hab', weg wär,
was bliebe mir?
was wäre ich?
nur leer?

Ich schrie
und ließ mich weinen,
da sah ich dort, wo ich die Leere glaubte,
ein kleines Kindlein hungern,
schwach und fast vergessen.
Es sah mich an und sagte:
„Bitte hab' mich lieb!"

FOTO: Paul Lahninger, in Salzburg

Damals und heute

angeregt durch Matthias Varga von Kibed, Gmunden, Nov. 2005

Der Schmerz von damals
macht mir heut noch Angst,
und wende ich mich von ihm ab,
kommt er mit mir.

So bleibe ich und seh' ihn an.
Da weist er mir den Weg.

FOTO: Bernhard Weiser, in Kreta

Das Kind in Dir

Der Weg zum Mannsein
führt Dich erst zum Kind in Dir:

Mit jeder Trauer, jeder Angst,
die Du erkennst,
zunächst behutsam anschaust,
wirst Du mehr zum Mann.
Du wächst, indem Du für Dich selber sorgen lernst,
Dir selber gut tust und Dir selber
Liebe gibst,
die Du erst dann auch anderen schenken kannst.

FOTO: Robert Graf

Überfordert

Du sagst, dass Du mich mehr liebst
als ich Dich?
Und möchtest, dass ich immer
bei Dir bin?
Und ich sei schuld, wenn
Du nicht glücklich bist?

Wenn ich das höre, denke ich an Flucht.
Du suchst etwas,
das nur Du selbst Dir geben kannst.

FOTO: Raimund Gruber, in Indien

Meinen Vater finden

Die Sehnsucht nach meinem Vater
bestimmte lange mein Mannsein,
und Mutters Bedürftigkeit hielt mich fest.

Erst als mein Sohn mit mir kämpfte,
half er mir Schätze zu finden,
die einst mein Vater
hinter der Strenge versteckte:

Ich sehe das Bild,
wie er mich hochhielt als Kind,
und wie der Geruch meines Vaters
mir Sicherheit gab.

So finde ich langsam den Platz als Mann,
löse mich wie aus dem Schoß meiner Mutter,
nehme vom Vater und bin mir bewusst,
dass auch ich oft so streng bin mit mir wie er.

FOTO: Paul Lahninger, in Papua Neu Guinea

Verantwortung

angeregt von Walter H. Lechler, „Von mir aus nennt es Wahnsinn“,
Protokoll einer Heilung, 1986

Je mehr wir ausgehungert sind,
umso mehr laufen wir davon,
aus Angst vor dem Schmerz,
uns diese Not einzugestehen,
aus Angst, andere könnten
unsere „Schwäche“ erkennen,
aus Angst vor den Tränen
beim ersten Bissen im vertrockneten Hals.

Unsere Aufgabe ist es zu lernen
unsere Seele zu spüren
und ihre Bedürftigkeit zu sehen,
das Risiko einzugehen, Wünsche auszusprechen, zu
NEHMEN
und für uns selbst zu sorgen.

FOTO: Bernhard Weiser, in Kreta

Liebst du mich denn nicht?

„Du liebst mich doch!“,
das sagt, wer selbst grad
keine Liebe hat und meint:
„Du musst mir geben, was ich brauche!“
und wer nicht sagen kann:
„Ich habe einen Wunsch und bitte Dich!

Doch wenn ich lerne, Dich zu bitten,
dann kann ich besser nehmen
und verstehen, dass Du gibst,
was heute für Dich stimmt.“

FOTO: Paul Lahninger, am Wallersee

Freundschaft

Verbunden
ohne Bindung,
vertraut
ohne Verpflichtung,

einander nahe
auf dem Weg
zum Besten in uns,
danke ich,
dass es Dich gibt.

FOTO: Robert Graf, in der Steiermark

Toleranz

Wir sind berechtigt,
hier in Freiheit unser Leben
zu gestalten:
ich erschaffe mich auf meine Art
und Du erschaffst Dich anders, einzigartig,
wie es für das eine Leben stimmt.

Jeder Mensch
wählt seine Werte,
nimmt von Mutters und von Vaters Welt,
fügt hinzu
und macht daraus den Lebensweg.

Alles, was wir sehen, ist ein kleiner Teil,
wundervoll verwoben in das Ganze.

FOTO: Paul Lahninger, in Nordindien

Wut

angeregt durch Reinhold Rabenstein

Wut streitet in mir.
Angst mischt sich ein …

Ich nehme mich wahr
und schaue auf Dich
und sage, was ist.

FOTO: Raimund Gruber, in Indien

Rollenwahl

Es scheint oft viel leichter,
ein Opfer zu sein,
Schuld woanders zu sehen,
scheinbar machtlos zu leiden,
als ehrlich zu sein,
Verantwortung
zu übernehmen
und endlich sich selbst zu verändern.

FOTO: Paul Lahninger, im Indischen Himalaya

ERMUTIGUNG

Innen

Im Innersten bist Du ein Engel,
berührst diese Welt und auch mich.

Ich sehe Dich manchmal auch fliegen,
liebevoll, zärtlich im Licht.

FOTO: Paul Lahninger, in Papua Neu Guinea

Du bist

Sorge für Dich selbst
und alles wird gut!
Dein Ziel bist Du selbst:
Dich zu erkennen,
Dich anzunehmen,
Dich lieb zu gewinnen.
Indem Du ja zu Dir sagst,
ja zu Deinem ganzen Sein,
fließt alles wie von selbst
aus dieser Mitte.

Der Weg zu dieser Mitte
beginnt im Abschiednehmen,
im Loslassen von allem,
was Du solltest, müsstest, hättest
und von dem Kampf, nur gut zu sein.

Die Mitte, die ist hier und jetzt:
Du bist – und das alleine schon ist gut.

FOTO: Paul Lahninger, im Indischen Himalaya

Paradoxien meiner Entwicklung

Indem ich zufrieden bin
mit dem was ist,
bin ich offen für Neues.

Indem ich
meine Grenzen annehme,
entwickle ich meine Stärken.

Indem ich mich selbst bejahe
so wie ich bin,
verändere ich mich.

FOTO: Paul Lahninger, in Erkner bei Berlin

Achtsamkeit

Du öffnest Dich
und schaust auf das,
was ist.
Ein Augenblick macht Dich gelassen.

Gerade dann,
wenn etwas in Dir schmerzt,
ist dieser Blick darauf
ein erster Schritt.
Und das, was weh tut,
weist Dir auch den Weg.
Indem Du achtsam bist,
lässt Du die Heilung zu.

FOTO: Paul Lahninger, in Papua Neu Guinea

Zeit zu wachsen

Die Zeit vertraut sich an:
Wir spüren ihren sanften Atem,
der uns berührt beim Wachsen.

Ganz zärtlich
wärmt die Sonne unser Herz,
wir sind willkommen und
beschenkt.

FOTO: Paul Lahninger, in Ithaka, Griechenland

Ermutigung

Schön, dass Du da bist!
Schön, dass es Dich gibt!
Du bist wertvoll – ganz einfach, weil Du bist.
Sei willkommen auf unserer Erde,
willkommen im Dasein für Dich.

Dein Wesen ist schön, wie es ist.
Hinter allem, worin Du Dich mühst,
ob erfolgreich, ob anerkannt oder auch nicht,
hinter allem ist Liebe Dein Wesen.
Und all Deine Wünsche sind gut,
was immer Dein Tun hier bewirkt,
im Innersten willst Du nur Gutes.

Du bist am richtigen Platz.
Die Aufgabe hier ist Dein Leben
und Du kannst diese erfüllen,
auf Deine persönliche Weise,
und so gibst Du dabei Dein Bestes.

Du bist ein Geschenk an die Welt.
Schön, dass Du da bist im Leben.

FOTO: Paul Lahninger, im Indischen Himalaya

BESCHENKT

Auserwählt

Eine kleine Seele
hat unsere Familie gewählt,
auf dieser Erde zu landen.

Liebe bringt sie unserem Haus,
neues, reiches Leben.

Mit Tränen in den Augen
heißen wir Dich willkommen
und sehen mit Dir einmal mehr
erstaunt und bezaubert
das Licht dieser Welt.

FOTO: Paul Lahninger, in Salzburg

Ein Kind

Ein Kind
schaut in den Tag hinein
und lacht.

Denn alles, was es tut,
kommt aus dem Herzen.

Ich lerne,
öfter wie ein Kind
in diese Welt zu schauen,
die Augen zu öffnen
und das Heute zu leben
als mein Abenteuer,
den Tag als ein Geschenk
an mich zu nehmen
und spüre,
dass ich jeden Tag
Geburtstag hab.

FOTO: Paul Lahninger, im Indischen Himalaya

Es ist gut, mein Kind

für Katharina und Johannes

Komm, leg Deinen Kopf in meinen Schoß
und mach' die Augen zu.
Ich lege meine Arme fest um Dich
und drück' Dich her zu mir:
Wenn Du mich spürst,
dann weißt Du,
es ist gut.

Ich passe auf und schaue,
dass die Welt für Dich in Ordnung ist,
was immer Du erlebt hast,
jetzt bin ich bei Dir,
bin ganz für Dich alleine da.
Wenn Du mich spürst,
dann weißt Du,
es ist gut.

Schön, dass Du da bist,
weil ich hab' Dich lieb!

FOTO: Paul Lahninger, in Salzburg

Lebendigkeit beschenkt

Freudloses Leben der Eltern
belastet das Kind.

Wer sich nicht nimmt,
hat auch wenig zu geben.

Kraftvolles Leben,
das selbst für sich sorgt,
nährt auch das Kind.

FOTO: Raimund Gruber, bei Rishikesch, Indien

VON DRÜBEN

Fließend

Ich spüre manchmal diesen Hunger meiner Kinder,
auch jetzt, da sie schon selbst erwachsen sind,
und wenn ich sie berühre, fließt etwas zu ihnen hin,
das größer ist, als das, was ich als Vater geben kann.
Sie wissen das und sie bedanken sich.

Wir alle nehmen Teil an diesem Fließen,
sind kleine Wellen
auf dem weiten Meer.

FOTO: Bernhard Weiser, in Kreta

Ein Stück weiter

Mein guter Vater hat die Hölle überstanden.
Er hat das Beste draus gemacht
und mir geschenkt,
trotz aller Wunden ist er weit gegangen.

Nun liegt an mir,
noch weiter auf dem Weg zu gehen:
Ich ehre ihn, indem ich seine Liebe nehme,
mich löse
von der alten Last,
die seine war
und Heilung wähle,
auch wenn er
mit manchen Wunden starb.

FOTO: Paul Lahninger, im Indischen Himalaya

Meiner Großmutter!

Ich hab Dich nie gesehen,
denn meine Mutter
war selber noch ein Kind,
als Du gestorben bist.

Die Mutti war so traurig wegen Dir,
sie wollte bei Dir sein,
Du fehltest Ihr.
So fehlte sie vielleicht manchmal auch mir.

Schau Du mich an und gib mir bitte
Deinen Segen
als Sohn von Deiner Tochter:
Ich bin's Dein Enkel,
der jetzt lebt.

FOTO: Paul Lahninger, im Indischen Himalaya

Grüße vom Onkel

Als Kind hatte ich diesen Traum,
dass Du aus dem Fenster gesprungen bist,
und wachte verzweifelt und einsam auf.

10 Jahre später hast Du
mit dem Leben Schluss gemacht
und ich konnte kaum etwas spüren.
Du warst mir der liebste Onkel,
doch die Trauer blieb irgendwo drinnen
und steckte fest.

Wieder ein Traum brachte diese hervor,
fast schon 30 Jahre danach.

Mir träumte, wir gehen auf einen Kaffee
und Du sagst zu mir:
„Wir stehen einander sehr nahe!"

Jetzt suche ich endlich Dein Grab
und knie mich hin,
und höre den Wind in den Bäumen.

FOTO: Paul Lahninger, im Indischen Himalaya

Nachkommen

Ihr, die Ihr vor mir wart
und nicht mehr seid,
ich ehre Euer Dasein
wie auch Euer Sterben.

Ich danke Euch für alles,
was Ihr mir gegeben habt,
für gute Wünsche
und für die Verbundenheit.

Ich nehme und ich lebe
auch zu Eurer Ehre
und gebe davon weiter,
wie ich's eben kann,
solang mich diese Reise
weiterführt,
bis ich – wie Ihr
gegangen bin.

FOTO: Helga Gumplmaier, in Island

Die Brüder meines Vaters

Seit Jahren hab ich sie nicht mehr gesehen,
doch immer gerne gemocht.
Jetzt kommen sie, Abschied zu nehmen
von meinem Vater.

Alte Männer, grau und faltig vom Leid,
mit einer Stärke, die von damals ist, vom Bauernhof,
wie selbstverständlich verbunden miteinander, liebevoll –
– und unbeholfen mit Worten dafür.

„Für mich ist's Zeit zu gehen!", sagt mein Vater
und lässt mich einen Priester rufen.
Scheu schlucken die Brüder an ihren Tränen,
geh'n vor die Tür, wenn das Weinen gewinnt.

Sie waren gewohnt zuzupacken,
haben geschuftet, geflucht und so gut sie konnten geliebt.

Sie sind alt geworden, mit einer Ahnung dafür,
was Leben ist, und was es heißt, Brüder zu sein.

FOTO: Raimund Gruber, in Tibet

Von drüben

Mein Vater hat mich angerufen
heute Nacht
– von drüben –
und er sagt,
es geht ihm gut.

Ich war erstaunt und dachte,
dass ich träumte.
Und wollte wissen,
wie das ist:
gestorben sein.
„Vielleicht kannst Du es nicht
erklären!" sagte ich.

Er nickte
und ich spürte
seine Wärme.

Lächelnd sagte er,
dass er mich mag
und es war
hell und gut.

FOTO: Paul Lahninger, in Papua Neu Guinea

Beides zugleich

Als Staubkorn
auf diesem Planeten,
im strahlenden All daheim,
erschaffe ich hier meine Welt.

Ich bin Teil eines endlosen Kreises,
und Mittelpunkt bin ich auch.
Ich bin Teilchen
und Ganzheit
zugleich.

FOTO: Katharina Lahninger, in Südindien

NÄHE

Liebeserklärung

In zartem Streit
streckst Du Dich hier
nach oben.
Du nimmst Dir,
was Du brauchst,
erkämpfst Dir Leben,
Du kleine Schönheit,
reich,
ganz einfach nur zu sein.

Ich bin mit Dir verbunden.
Wenn ich still bin,
kann ich Dich ein bisschen
wachsen sehen
und spüre,
dass auch ich
im Innersten so bin
wie Du.

Du kleine Wiesenblume,
deren Namen ich nicht weiß.

FOTO: Paul Lahninger, in Salzburg

Ein Stück mit mir

Das, was sich hier in mir
mit Dir verbindet,
das ist ein schöner Teil von meinem Ich.
Und anderes,
was sich in mir befindet,
das zweifelt oft und ärgert sich und mich.

Ich kann mich manchmal seh'n
als weites Land:
als wär' die Seele
mehr als eine Welt.
Und staune lächelnd,
dass ich Dich hier fand:
an diesem Morgen
hast Du meinen Weg erhellt.

Ich weiß noch nicht,
wie lange ich hier bleiben kann,
wohin ich geh', ob ich den Weg verlier' …
doch spür' ich Deine Nähe,
schau' Dich an,
und in der Wärme
nehm' ich Dich ein Stück mit mir.

FOTO: Paul Lahninger, in Salzburg

In Deinen Augen

In deinen Augen
blinzelt die Sonne,

In deinen Augen
wiegt sich der Wind.

In deinen Augen
tobt eine Brandung.

Aus deinen Augen
lächelt Dein Herz.

FOTO: Paul Lahninger, in Papua Neu Guinea

Ein Lied für Dich

Ich möchte ein Lied für Dich singen,
ein Lied, das aus einer Tiefe kommt,
die meiner Stimme Kraft schenkt
und Schönheit.

So wie auch Du mir
in Schönheit und Tiefe begegnest,
wo Deine Welt wie die meine
sich auflöst
und für einen Augenblick aufhört,
anders zu sein.

FOTO: Raimund Gruber, in Süd-Indien

Etwas in mir

Ich kann genießen
wie Dein Blick mich sanft erregt,
auch wenn Du noch ein gutes Stück weit weg bist –
und vielleicht dort bleiben willst.

Es macht mir Spaß zu wünschen,
dass wir Haut auf Haut
einander geben, feucht und heiß,
was Frau- und Mann-Sein ist.

Und während ich das denke,
bist Du schon jetzt
ein wenig auch in mir
und das genieße ich, so wie es ist.

FOTO: Paul Lahninger, Sonnenuntergang in Salzburg

Weggemeinschaft

für Maria

Ich danke Dir,
dass Du das Leben mit mir teilst,
mich sein lässt, wie ich bin
und vieles an mir magst,
dass Du mir Freiheit lässt
und Dir die Deine nimmst.

Ich danke Dir,
dass Du die Zärtlichkeit mit mir
und all die Innigkeit und Lust genießt.

Ich danke Dir,
dass Du das Unterwegssein liebst,
mit mir und auch allein
bereit zu lernen bist,
den Weg, der uns zusammenführt,
als ein Geschenk
auf dieser weiten Reise siehst,
auf der Du selbst und ich,
ein jeder nur die eigenen Schritte geht.

FOTO: Paul Lahninger, Wallersee

UNTERWEGS

Umarmung

Das Gras winkt mir zu
und die Luft
streichelt mich,
der Atem schmeckt süß
und füllt mir
das Herz.

Die Bäume bewegen sich
langsam zu mir.
Ich trinke die Ruhe
der Erde,
gerufen
und leise umarmt
vom Licht.

FOTO: Paul Lahninger, in Salzburg

Weiter Raum

In der Blume,
aus der Erde gewachsen,

im Baum,
gewiegt im Wind,

im Wasser,
offen aufzunehmen
und den Himmel zu spiegeln,

ahne ich
die Freiheit meiner Seele.

FOTO: Paul Lahninger, in Salzburg

Mein Selbst

Ich bin mehr als das,
was ich zu sein glaube.

Ich bin mehr als alles,
was ich wollen und erreichen könnte.

In dem, was ich nicht denken kann
bin ich einfach da.
Mehr als ein Ich:
mein Selbst.

FOTO: Paul Lahninger, Heiligtum Hemkund auf 4800 m, im indischen Himalaya

Ich bin

Ich bin ein Tropfen im Meer,
ein Lufthauch im Wind,
ein Funken in der Sonne.

Ich fließe,
ich atme,
ich leuchte,
als Teil eines Ganzen
bin ich.

FOTO: Paul Lahninger, Quellfluss des Ghanges im indischen Himalaya

Innere Begegnung

Du stehst vor mir
und lädst mich ein.
Du sagst: „Willkommen!“

Die Enge hier in meinem Hals
weicht mit den Tränen
und zögernd leg’ ich endlich
meinen Kopf an Deinen.

Endlich.

Und stehe dann
auch auf der andern Seite
und heiße mich willkommen:
Ich mich selbst.

FOTO: Paul Lahninger, in Salzburg

Weggabelung

angeregt durch Bert Hellinger

Ein Weg führt im Kreis:
Du bleibst wo Du bist,
treu Deinem Leid.

Am anderen Weg
veränderst Du Dich
durch Arbeit an Dir:
Dir selbst zum Geschenk.

Du hast die Wahl.

FOTO: Paul Lahninger, im indischen Himalaya

Meister-Haft

Voll alter Sehnsucht folgte ich dem Meister, die Kunst zu lernen,
anderen ein Stern zu sein.

Der Meister fordert einen hohen Preis:
ein Stück von Deinem Rückgrat.
Wenn Du zweifelst,
bist Du schuld und fällst noch tiefer,
als Du vorher warst.

Ich fiel –
und wurde dabei wach:
Ich sah des großen Meisters Einsamkeit
und seine Gier nach Schülern unter ihm.

Der Meister meiner Schritte bin ich selbst
und wer sich über mich stellt,
flieht vor mir.

FOTO: Paul Lahninger, in Papua Neu Guinea

AUGENBLICKE

Augenblicke des Segens

Wenn ich darauf verzichte,
etwas Bestimmtes von Dir zu wollen,
wenn ich Abschied nehme
von der Vorstellung,
Du könntest
meine Bedürftigkeit erfüllen,
wenn ich neugierig werde auf das,
was uns der Augenblick schenkt,
dann wird das,
was ich Dir geben kann,
zum Segen.

FOTO: Paul Lahninger, im Hochland von Papua Neu Guinea

Offen sein

Mit offenen Augen
seh' ich das Licht.

Mit offenen Händen
werd' ich beschenkt.

Mit offenem Herzen
berühre ich Dich.

FOTO: Robert Graf, in Wien

Meditation

Atmend versunken
im Jetzt,
von Stille und Wärme
umarmt:

Alles ist so wie es ist.

FOTO: Paul Lahninger, Wallersee

Jetzt

Ich halte inne
und begrüße diesen Augenblick:
Willkommen guter Freund,
ich atme ein.

Ich atme aus und gehe weiter,
dankbar für das Universum
namens Jetzt.

FOTO: Paul Lahninger, im Indischen Himalaya

Ewigkeit im Augenblick

Kannst Du die Stille atmen hören?

Lieg' still ein Weilchen:

Sie spricht davon,
wie dieser Augenblick uns leise trägt
dorthin,
wo wir schon immer da gewesen sind.

FOTO: Paul Lahninger, am Wallersee

Überfluss

Das Leben lacht mich an
und schenkt sich mir.
Ich bin verbunden
mit der Liebe,
die alles trägt, was ist,
und lerne,
jeden Tag zu nehmen,
bis ich überfließe
von dem, was mich so sanft berührt und wärmt.

FOTO: Paul Lahninger, Indien

Ein gutes Jahr

Du gutes Leben,
ich danke Dir für dieses Jahr.
Es war ein gutes Jahr,
reich an schönen Augenblicken
und voll Liebe.
Ich habe viel gesehen und gelernt
und kam ein Stückchen weiter.

Du schenktest mir Arbeit
und Stunden mit Freunden,
Umarmung und Abenteuer.

Abschiede sind mir gelungen
und Neues ist mir begegnet.
Erfolg und Enttäuschung,
Streit und Versöhnung,
Höhen und Tiefen, die passten zu mir.
An meiner Seite ging oft ein Engel,
und manchmal war ich
wie ein guter Geist,
der andere gerne beschenkt.
Ich danke dem Leben dafür.

Es war ein gutes Jahr!

FOTO: Paul Lahninger, in Papua Neu Guinea

Heilsam

für Maria

Ein kleines bisschen mehr
hab ich durch Dich gelernt
zu lieben.

Im Spiegel dieser Liebe
sah ich mich in Dir:
Sah Deine Schönheit
und dadurch auch meine.

Und eine alte Wunde wurde heil.

FOTO: Paul Lahninger, Wolfgangsee

Wege zum Glück

nach Gedanken von Fjodor Dostojewski,
zitiert in Christina Kessler: amo ergo sum

Der Weg zum Glück beginnt,
wenn Du Dein Glück erkennst,
indem Du Dich von allem löst,
was scheinbar fehlt.

Es wächst ganz einfach,
wenn Du dafür offen bist.

FOTO: Paul Lahninger, Ganges-Quellflüsse im indischen Himalaya

Liebe

Ich liebe mich.
So bin ich einfach da,
bin offen, alles anzuschauen,
wie es ist.

Ich sehe Fülle und kann nehmen,
lebe Fülle und kann geben,
berühre das, was mir begegnen will,
verbunden mit der Stimme meines Herzens.

FOTO: Paul Lahninger, am Wolfgangsee

Abschied

Ich werde einmal
ins unendlich Weite fallen,
dorthin,
wo alles eins ist,
ohne „hier und jetzt".

Ich werd' die Augen schließen
und werd' alles sehen,
was ich jetzt nicht träumen kann.

Ich werd' mit Dir geh'n,
und das Leben feiern
und den Abschied.

Sei bis dann ein Freund
an meiner Seite,
guter Tod.

FOTO: Paul Lahninger, im Indischen Himalaya

Spiritualität: beseelt leben

Spiritualität erlebe ich als Offensein für eine seelische Wirklichkeit, die über die individuellen Grenzen von Zeit und Raum hinausgeht.
Ich beschreibe hier Qualitäten, die ich als Wesen des Seelischen verstehe:

Leben als Lernprozess

Meine eigene Weiterentwicklung erfahre ich als zentral in meiner Lebensgestaltung und als wesentlichen Lebens-Sinn: Das Leben schenkt mir die Möglichkeit, aus mir selbst das Beste zu machen. Dies umfasst tiefe Lebensfreude und auch die Bewältigung von Konflikten, Krisen und Leidvollem.

Authentisch gelebte Werthaltungen

Ich übernehme Verantwortung für mich selbst, für meine Beziehung zu Menschen, die mir nahe stehen, für die Umwelt, übe mich darin, zum Besten aller beizutragen und Begegnungen kooperativ und möglichst wohltuend zu gestalten.
Diese Verantwortung bedeutet auch liebevollen Umgang mit dieser Welt, die wir immer auch für unsere Kinder gestalten. – Z.B. durch Verzicht auf Autofahren, sparsamen Gebrauch von Handys, von Energie, durch bewusstes Einkaufen, durch Pflege der Schönheiten dieser Erde.

Wertschätzend und wohlwollend denken

Ich fühle mich verbunden mit der Gemeinschaft der Menschheit und orientiere mich daran, in allem, was mir begegnet, Achtsamkeit und Respekt zu leben. Ich übe mich darin, auch nach Ärger und Enttäuschung eine passende Form zu finden, mit Ereignissen wohlwollend umzugehen.

Meditieren: mich vom „Ich-Bewusstsein" lösen

Die Natur mit offenen Sinnen wahrzunehmen bereichert und nährt mich.
Tägliche Zeiten der Stille lassen mich zur Ruhe kommen und mich öffnen
für innere Führung, für Schutz, Verbundenheit, Liebe.
Ich spüre: ich bin Teil eines Ganzen.

Die Erfahrung dieser Qualitäten nenne ich Spiritualität. All dies stärkt innere
Harmonie, Ausgeglichenheit, positives Selbstwertempfinden.
Ganzheitliche, authentische Werthaltungen entwickeln wir in kritischer
Selbstreflexion, in Bewusstheit der eigenen Grenzen, in der Auseinandersetzung
mit unseren Schattenseiten und durch Respekt für den Gegenpol unserer
bewusst gewählten Werte.

Auf dem Weg zur Ganzheit nehmen wir die eigenen Bedürfnisse wichtig,
machen uns auch versteckte Selbstzweifel vertraut und sorgen achtsam
und liebevoll für uns.
Sich selbst Gutes zu schenken und das Leben zu genießen ist die Basis,
um sich auch anderen respektvoll und einfühlsam zuzuwenden.
Selbstliebe ist die tiefste Quelle um Engagement zu leben.
Dieses beseelte Engagement schenkt oft erstaunliche Gelassenheit,
die Vielfalt des Daseins freundlich zu betrachten und anzunehmen wie sie ist.

Aspekte meiner Lebensgeschichte

Das Leben hat mir eine besondere Lernfreude und Abenteuerlust geschenkt. So erzählen meine Eltern, dass ich mir schon mit 3 Jahren Gedichte merkte, noch bevor ich richtig sprechen konnte. Bald „las" ich Kinderbücher vor, ohne einen Buchstaben zu kennen: ich hatte mir das mehrmals Vorgelesene Wort für Wort gemerkt. Weniger Freude hatten meine Eltern, dass ich auch ältere Kinder als wilder Indianerhäuptling anführte. So versuchten sie nachhaltig, mich zu einem braven, angepassten Menschen zu erziehen. Doch mein Lieblingsspiel wurde: Kriegserklärung gegen Erwachsene ...

So war ich auch in der Schule nicht gerade „pflegeleicht": mehr und mehr wurde ich zum schlechten Schüler. Mit auffälligen Betragensnoten entging ich nur knapp dem Rausschmiss aus dem Gymnasium, in meinem Matura-Zeugnis finden sich fast nur „Vierer" und ein einziger „Einser" in Turnen.

Die Schulzeit zunächst in Wien, dann in Mödling war eine schlimme Zeit für mich. Ich wollte weg: Mit 14 entschied ich mich, so bald wie möglich in die Südsee zu gehen. So wählte ich nach der Matura das kürzestmögliche Studium und wurde paradoxerweise erst mal Lehrer. Das Studium an der pädagogischen Akademie weckte mein Interesse an Psychologie. Ich absolvierte das Studium mit sehr guten Noten (erstmals wieder seit der ersten Klasse Volkschule), obwohl ich Studentenvertreter der Akademie war und unter anderem einen einwöchigen Studentenstreik organisierte. Ein erstes Praxisjahr als Lehrer führte mich nach Tirol. Als ausgebildeter Lehrer konnte ich Entwicklungshelfer werden: In Papua Neu Guinea erarbeitete ich Basiskurse für einheimische Jugendleiter und brachte eine Arbeitsmappe für kooperative Dorfentwicklung heraus.

In diesen Jahren lernte ich auch die Mühlviertlerin Maria Schmutz kennen, die gleichermaßen abenteuerfreudig in die weite Welt hinausging. Aus Liebe auf den ersten Blick wurde ein gemeinsamer Lebensweg. 1981 kehrten wir nach Österreich zurück, heirateten und nach 2 Jahren in Tirol übernahmen wir ein kleines Haus in St. Thomas am Blasenstein, das Maria von ihren Großeltern geerbt hatte.

So arbeitete ich ein paar Jahre als Hauptschullehrer, zunächst in Tirol, dann im Mühlviertel. Doch Lehrer zu sein war mir bald zu wenig: ich wollte die Schule verändern und organisierte Lehrer-Diskussionsrunden und kollegiale Fortbildungen.

Das brachte auch Konflikte und Zurückweisungen. Ich war nicht sehr diplomatisch, eckte mit meiner Kritik oft an und war enttäuscht, so wenig bewegen zu können. Ich sehnte mich nach mehr Freiheit, mehr Gestaltungsmöglichkeiten. Auch Maria wurde es als Hausfrau und Mutter zu eng. Nach einer heftigen Krise entschieden wir uns 1986 nach Salzburg zu übersiedeln, wo Maria, wie schon Jahre zuvor, als Krankenschwester arbeitete. Ich kündigte als Lehrer und wurde Hausmann für meine 2 Kinder, Katharina und Johannes, die damals 2 und 4 Jahre alt waren.
Dieser Schritt ermöglichte einen völligen Neuanfang: Nach 2 Jahren herausfordernder Erfahrung als Hausmann versuchte ich mich als selbständiger Unternehmer: zunächst mit Kinderschwimmkursen, Gitarreunterricht, dann als Anbieter von Kreativurlauben in Griechenland. Zugleich begann ich nochmals zu studieren, absolvierte Ausbildungen als Erwachsenenbildner, als Personalentwickler und Psychotherapeut.
Mehr und mehr wurden Aufträge als Lehrbeauftragter für Rhetorik, Moderationstechnik und Kommunikationstrainings für Führungskräfte zum beruflichen Hauptinhalt. Ich entwickelte Methoden, Motivation zu fördern, Teamgespräche zu leiten, Konflikte zu bearbeiten. Mein erstes Buch „leiten * präsentieren * moderieren" wurde ein Bestseller und wird oft als Pflichtlektüre für Erwachsenenbildner empfohlen.
Meine DVD-Video-Seminarbausteine werden als elektronische Lern-Module in Schulen wie auch bei Führungskräfteseminaren eingesetzt. Vielleicht auch motiviert durch meine schwierigen Schulerfahrungen befasste ich mich intensiv mit der Entwicklung von Lernfreude und Leistungsorientierung. In „Widerstand als Motivation" stellte ich eine vielfältige Sammlung an konkreten Praxisbeispielen aus unterschiedlichen Arbeitsbereichen von Schule bis Management zusammen. Experten geben diesem neuen Werk ausgezeichnete Rezensionen, die u.a. bereits in „der Standard" und in Ö1 veröffentlicht wurden.
Ich erhalte als Vortragender Aufträge aus dem ganzen deutschen Sprachraum von Bozen bis Bremen, werde von Firmen, Bildungsinstitutionen, wie auch Universitäten eingeladen (z.B. vom Institut für soziale Kompetenz der Universität Graz). Ich reise viel, um Menschen in Persönlichkeitsbildung zu begleiten, kritisches Denken und Veränderungsbereitschaft zu fördern.
Und nun, mit über 50 Jahren bewohne ich nach 13 Übersiedlungen zum ersten Mal in meinem Leben ein Haus in Salzburg mit meiner Familie länger als 3 Jahre.

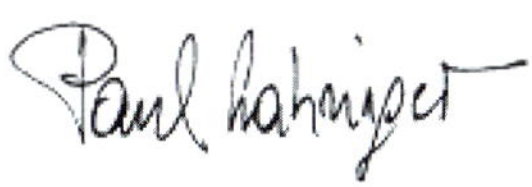

Das Zusatzmaterial zu diesem Buch:

Paul Lahninger

Affirmationskärtchenset Wohltuende Leitsätze

144 Gedanken zur Selbstwert-Stärkung

Sich im Leben willkommen zu fühlen und sich selbst zu lieben: das ist die Grundlage für vielseitige soziale Kompetenz in Konfliktmanagement, in Führungsaufgaben und in der Beziehungsgestaltung.

Eine lebensbejahende Einstellung wird genährt von einem ausgeglichenen Selbstwertgefühl. Selbstachtung ist die tiefste Quelle für freudvolles Engagement, für Zuwendung und Wertschätzung. Sich selbst anzunehmen bedingt eine förderliche, entwicklungsorientierte Grundhaltung.

Bewusst gewählte Gedanken sind eine Möglichkeit, sich selbst etwas Gutes zu tun, sich selbst zu unterstützen, gut für sich selbst zu sorgen.
„Ein guter Gedanke kommt selten allein!"

Denkmayr-Verlag, Linz 2007